AF124149

www.ingramcontent.com/pod-product-compliance
Lightning Source LLC
LaVergne TN
LVHW010423070526
838199LV00064B/5407
* 9 7 8 9 3 5 8 7 2 3 6 5 6 *

پاکستان میں بہتی دوستی کی سرسوتی

(سفرنامہ)

پریم چند گاندھی

© Taemeer Publications LLC

Pakistan mein bahti Dosti ki Saraswati (Travelogue)
by: Premchand Gandhi
Edition: April '2024
Publisher :
Taemeer Publications LLC (Michigan, USA / Hyderabad, India)

ISBN 978-93-5872-365-6

مصنف یا ناشر کی پیشگی اجازت کے بغیر اس کتاب کا کوئی بھی حصہ کسی بھی شکل میں بشمول ویب سائٹ پر اَپ لوڈنگ کے لیے استعمال نہ کیا جائے۔ نیز اس کتاب پر کسی بھی قسم کے تنازع کو نمٹانے کا اختیار صرف حیدرآباد (تلنگانہ) کی عدلیہ کو ہوگا۔

© تعمیر پبلی کیشنز

کتاب	:	**پاکستان میں بہتی دوستی کی سرسوتی**
مصنف	:	**پریم چند گاندھی**
پروف ریڈنگ / تدوین	:	اعجاز عبید
صنف	:	سفرنامہ
ناشر	:	تعمیر پبلی کیشنز (حیدرآباد، انڈیا)
سالِ اشاعت	:	۲۰۲۴ء
صفحات	:	۳۰
سرورق ڈیزائن	:	تعمیر ویب ڈیزائن

پچھلی بار میں یہاں دسمبر کی کڑکڑاتی ٹھنڈ میں آیا تھا۔ اُس وقت پھلوں اور سُوکھے میوے کی پیٹِیاں لئے قُلی دوڑتے چلے آرہے تھے۔ نیلی وردی میں ہندوستانی اور ہری وردی میں پاکستانی قُلی۔ اس بار بس اِکاّدُکاّ قُلی نظر آرہے ہیں۔ ایک بار پھر دونوں جانب کی جانچ کے بعد ہم پاکستانی سرحد میں اِمگریشن کاؤنٹر کی اور چل پڑے۔ ایک اعلی شان سفید گاڑی سے ایک خُوب صورت نوجوان اُترا۔ ڈرائیور کی پوشاک میں پاکستانی فوجی تھا۔ نکیلی بل کھائی ہُوئی مُونچھوں اور کاؤ بائے ہیٹ پہنے افسر نے اُسکا استقبال کیا۔ آنے والا نوجوان کسی بڑے فوجی اَفسر یا نیتا کا مہمان تھا۔ اُسنے کہا، بارڈر دیکھنے کی خواہِش تھی۔ میں نے من ہی من کہا، اور ہمیں بارڈر کے اُس پار دیکھنے کی۔

ڈیڑھ برس میں ہی کتنا بدلاؤ آگیا ہے۔ سڑک خاصی چوڑی ہوگئی ہے۔ دائیں طرف اِمگریشن دفتر کی نئی عِمارت بن چکی ہے۔ لیکن ہمیں ابھی پرانی بلڈنگ کی سمت ہی جانا ہے، کیونکہ ابھی دفتر وہیں ہے۔ ان نئی تعمیروں سے پتا چلتا ہے کہ ہمارے تعلقات بھی ایک نئے دور میں داخل ہو چکے ہیں، جہاں بہت سی پرانی

چیزوں سے چھٹکارا پانا ہے پھر چاہے وہ جگہ کی تنگی جھیلتی عمارت ہو یا عالمی جنگ کے دور میں پرانی دُشمنی۔

اس سفر پر مُجھ سمیت چھ قلم کار اور صحافی جے پور سے، دو بٹھِنڈا سے، دو دلّی سے اور ایک چنڈیگڑھ سے ہیں۔ راجستھان شرمجیوی پترکار سنگھ کے صدر اِیش مدھو تلوار، نوجوان شاعر اومیندر، شاعر فرخ انجنیر بزرگ صحافی سنیتا چترُویدی اور آنند اگروال جے پور سے ہیں۔ شاعر۔ افسانہ نگار ڈاکٹر راجکمار ملِک اور فلمکار اجے چاؤلا دلّی سے ہیں۔ ڈاکٹر آر۔ پی۔ سِنگھ اور رگھو ویر سنگھ بٹھِنڈا سے ہیں تو گووند راکیش چنڈی گڑھ سے۔ موقعہ ہے پتّرن مُنارا انٹرنیشنل کانفرنس۔ پتّرن مُنارا وہ جگہ ہے جہاں کبھی سرسوتی بہا کرتی تھی۔ جیسلمیر کے اُتّر پچھم سے رحیم یار خاں ضلعے میں واقع پتّرن مُنارا میں سیکڑوں کلومیٹر سے آثار قدیمہ کا خزانہ دبا ہوا ہے جِسکی گواہی میں ایک مینار کھڑی ہے۔

ساڑھے چھ فٹ لمبے میزبان دوست اِرشاد امین دور سے ہی دکھائی دے جاتے ہیں۔ اپنے ساتھ چار دوستوں کو لئے آرہے ہیں۔ ہم گلے لگ رہے ہیں اور گُلاب کی پنکھُڑِیاں برسائی جارہی ہیں۔ دفتری کارروائیاں ختم ہوتی ہیں اور ہم فوجی علاقے سے باہر آتے ہیں۔ چار کاروں میں سوار ہوتے ہیں ہم۔ اس بار سرحد پر آمد و رفت کم ہے اس لئے خوبصورت مصوری سے سجے ٹرک کہیں نظر نہیں آرہے۔ البتّہ ایک

بس ضرور آتی ہے جو بھاجپا کے جھنڈے کی طرح لال ہرے رنگ کی ہے۔ ایک خستہ حال لوکل بس۔

پچھلی دفعہ واگھا سے لاہور جانے والی اس سڑک پر کام چل رہا تھا، آج وہ فور لین ہو چکی ہے۔ دوستی کا جذبہ بھرے دلوں کی طرح چوڑی اور خوبصورت۔ یوں سڑکوں کا حسن اُسکے دونوں طرف کے نظاروں سے ہوتا ہے اور یہاں کہیں کھیت لہلہا رہے ہیں تو کہیں اینٹوں کے بھٹّوں کی چِمنیاں۔ ایک گدھا گاڑی پر چارا لدکر جا رہا ہے، سنیتا چترُویدی کے مُنہ سے بیساختہ نِکل پڑا، "اَرے یہاں بھی وہی گدھا گاڑی۔" ہاں، سچ میں سرحد پار کچھ بھی تو نہیں بدلتا سِوائے دیواروں اور سائین بورڈوں پر لِکھی عبارت کے۔ ہِندی کی جگہ اُردو آ جاتی ہے۔ تھوڑا سا فاصلہ طے کرتے ہی آبادی آ جاتی ہے۔ جل موڑ۔ پِچھلی بار یہاں ٹھیلوں پر کنّو تھے، اس بار آڑو، سردا اور گرما کے ساتھ خربوزہ ہے۔ وہی گندگی کا عالم، بے ترتیب پھیلا کچرا، ہر طرف کیچڑ اور ٹریفک کے قانونوں کو ٹھینگا دکھاتے ڈرائیور اور راہگیر۔

باٹا کا بڑا سا بورڈ باٹا پور کی سمت اشارہ کرتا ہوا۔ یہاں سے ہم ایک تنگ راستے میں داخل ہوتے ہیں۔ دونوں طرف کھیتوں کی اُونچی میڑ ہے۔ تھوڑا آگے چل کر مُڑتے ہی کینال روڈ شروع ہو جاتی ہے۔ نہر میں کنارے سے ایک فِٹ نیچے بہتا پانی ہے اور نہر کے دونوں طرف آنے جانے کی سڑک ہے۔ نہر ایک ڈوائیڈر ہے۔

لاہور شہر کے بیچوں بیچ سے گُزرتی نہر یہاں سے کوئی تیس کلومیٹر آگے جا کر ختم ہوتی ہے۔

لکشمی چوک۔ لاہور کی شان۔ ہمیشہ گُلزار رہنے والا لکشمی چوک ایک وقت میں پاک فلم انڈسٹری کا مرکز ہوا کرتا تھا۔ یہاں چوبیسوں گھنٹے کھانا ملتا ہے اور دیر رات تک سڑکوں پر چہل پہل بنی رہتی ہے۔ یہیں کے شاندار نیشنل ہوٹل میں ہمیں ایک رات بتا کر اَگلے دن لمبے سفر پر نکلنا ہے۔

ایسے سفروں میں دوستوں کے لئے کچھ تحفے کچھ نِشانیاں ہوتی ہیں۔ ہمارے میزبان دوست اِرشاد امین کے ہِندی میں چھپے دو مضامین کی کٹِنگ، دیوی پرساد چٹوّپادھیائے کی "لوکایت"، بینا میوُزک کی طرف سے راجستھانی سنگیت کی سی ڈی کا ایک سیٹ، کچھ چُنّیاں، راجستھان سے متعلق سیاحتی لٹریچر کا ایک کٹ۔ ہم نے اِرشاد صاحب کی نذر کی۔ پٹرن مُنارا کانفرینس کے حوالے سے کھوجی گئی اہم مواد کو لے کر دیر رات تک ان سے گفتگو کی۔

اَگلے دن صبح ہم چل پڑے رحیم یار خاں کی جانِب۔ لاہور سے نکلے تو کئی کلومیٹر تک نہر ہمارے ساتھ تھی۔ پھر ہائی وے آیا تو قدم قدم پر رنگ برنگے سجے دھجے پر کشش تصویروں سے لبریز ٹرکوں کا ایک نہ ختم ہونے والا سلسلہ شُروع ہوا۔ پاکستان کے ٹرکوں پر کی جانے والی چِتر کاری پر بہت سی ڈاکیوُمینٹری فلمیں بنی ہیں۔ باریک

بیل بُوٹوں والی اس چِتر کاری کا ایک ٹرک فلم غدر میں سنّی دیول بھی چلاتے ہیں۔ّ۔۔

۔۔ّمیں نِکلا گڈّی لیکر۔ّ۔

شام کا وقت سُورج ڈھل رہا تھا۔ میں نے جنوب مشرق کی سمت دیکھا۔ اسی طرف ہمارا جیسلمیر ہے۔ ہم رحیم یار خاں کے ٹھیک پاس میں تھے۔ جِسے ہم تھار یا ریگستان کہتے ہیں، اُسے یہاں چولِستان یا روہی کہا جاتا ہے۔ روہی نام شاید روہِڑا کے خوبصورت پھُول کے کارن پڑا ہو۔ خشک بے رس بدرنگ زندگی میں حسن کی تلاش ایسے ہی کی جاتی ہے۔

سرحد کے اس نزدیکی علاقے میں پہلی بار کوئی ہندوستانی وفد آیا ہے۔ ارشاد امین کے دونوں موبائیل لگاتار بجتے رہے۔ تمام خُفیہ اور حفاظتی ایجینسِیاں فعّال ہیں۔ ایک عام قصبہ نُما شہر ہے رحیم یار خاں۔ یہاں کے داپیلیس گیسٹ ہاؤس میں ہمیں ٹھہرنا ہے۔ جہاں پہنچتے ہی ہمیں پولِس کی ہتھِیار بند وین دکھائی دیتی ہے۔ بھیتر داخل ہوتے ہیں تو اعلیٰ اَفسر بتاتے ہیں کہ ہمارے آنے سے پہلے وہ پورے گیسٹ ہاؤس کی تفصیلی جانچ کر چُکے ہیں۔ اُس کے ہاتھ میں میٹل ڈیٹکٹر نُما مشین دیکھ کر یقین ہوتا ہے۔ لیکن کسی کو ہم سے کیا دُشمنی ہوسکتی ہے؟

اَگلی صبح یہ احساس اور پُختہ ہوا۔ پتہ چلا چار پانچ سیکیورٹی افراد گیسٹ ہاؤس میں

ہی ڈیرا ڈالے بیٹھے ہیں۔ ناشتہ کرتے ہی ہمیں نِکلنا تھا۔ پترن مُنار دیکھنے۔ آگے آگے پولس کی وین اور پیچھے ہم۔ یہاں دو نہریں ہیں بڑی اور چھوٹی۔ ہم بڑی نہر کے کنارے آگے بڑھ رہے تھے۔ ایک جگہ نہر مُڑ گئی اور ہم سیدھے چلتے رہے۔ لیکن ایک چھوٹا نالا موجود تھا۔ اِرشاد اِمین نے بتایا یہ سیم نالا ہے یعنی جب پانی کی سطح بڑھ جاتی ہے تو مزید پانی کو زمین سے نِکال بہا دیا جاتا ہے۔ یہ پانی ٹھیٹھ ریگستانی علاقوں میں چھوڑ دیا جاتا ہے۔ تاکہ وہاں کی پانی کی سطح بڑھ سکے۔ کچھ کچّے پکّے راستے پار کر ہم نیم ریگستانی علاقے میں پہنچے۔

یہاں چاروں طرف بہت سی ٹیکریاں ہیں جن پر لال اِینٹوں کے ٹکڑے بے ترتیب بکھرے پڑے ہیں۔ کھینچ کی جھاڑِیاں اور ببُول کے علاوہ بس کانٹے دار پیڑ پودے۔ مٹّی کا رنگ جیسے سفید جھک چاندی کا بُرادہ۔ دور سے ہی پترن پُنارا کی مینار دکھائی دیتی ہے۔ مورخوں اور ماہرینِ آثار قدیمہ میں اس بات کو لے کر اختلاف ہے کہ یہ مینار ہے یا مندر۔ ایک خاصی اُونچی ٹیکری پر یہ تین منزلہ عمارت کھڑی ہے۔ پکّی اِینٹوں سے بنی اس مینار کی لمبائی چوڑائی زیادہ نہیں ہے۔ سب سے نچلی منزل پر اندر چھت کی شکل گُنبد جیسی ہے۔ باہر کی طرف دیواروں پر بیل بُوٹے بنے ہیں۔ دوسری منزل پر لگی اینٹوں کو دیکھ کر لگتا ہے کہ انہیں سہارا دینے کے لئے لگایا گیا ہے تاکہ پوری عمارت کو زمیں بوس ہونے سے بچایا جاسکے۔

بہاول پور سٹیٹ گزٹ 1904 کے مطابق یہ نگر لگ بھگ 2400 برس پرانا ہے۔ یہاں سے شمال مغرب میں کبھی سرسوتی بہتی تھی۔ لگ بھگ سو مربع میل میں پھیلی لال ٹھیکریوں والی ٹیکریاں ایک شاندار ماضی کے دفن ہونے کا ثُبوت ہیں۔ ایک اندازے کے مطابق ایک زمانے میں سرسوتی اتنی بڑی ندی تھی کہ اس میں جہاز یا بڑی ناویں چلا کرتی تھیں۔ ٹیکریوں میں دفن شہر ایک بڑا تجارتی اہمیت کا شہر تھا۔ اور یہ مینار شاید جہازوں کو راستہ دکھانے والا لائیٹ ہاؤس۔ پتّرن کو بندر گاہ کے معنوں میں لیں تو یہ صاف بھی ہو جاتا ہے۔

سنیتا چترُویدی نے کہا کہ ویدوں میں سرسوتی کے ایک کنارے پر سونے جیسی اور دوسرے کنارے پر چاندی جیسی ریت کا ذکر ہے۔ پتّرن مُنارا علاقے کی نقرئی ریت کو دیکھ کر یہ خیال اور پختہ ہو جاتا ہے۔ ادب اسی طرح تاریخ کو ہمارے لئے کھولتا ہے۔ لیکن لوگوں میں مشہور باتیں تاریخ پر دھُول بھی ڈال دیتی ہیں۔ جیسے مینار کے ٹھیک بغل میں رہنے والے ایک بابا نے بتایا کہ یہ عمارت سِکندر اعظم کے زمانے کی ہے۔ جبکہ اس کا فنِ تعمیر اور تکنیک ایسے دعووں کو غلط ثابت کرتی ہے۔

بہاول پور سٹیٹ گزٹ کے، مطابق اس کی ایک منزل کو سن 1740 میں بہادُر خاں ہالانی نے اور دوسری منزل کو فیصل خاں ہالانی نے گِرایا۔ یہ تخریب کاری دین گڑھ ریاست کی قلعہ بندی کے لئے اِینٹیں جُٹانے کے لئے کیا گیا تھا۔ آج

جیسلمیر سرحد پر جو کشن گڑھ ہے اُسی کا پرانا نام دین گڑھ ہے۔ یہاں کا قلعہ اَٹھارویں صدی کے نصف آخر میں جیسلمیر کو محض 7500 روپیوں میں بیچ دیا گیا تھا۔

اس مینار کی حالت اس قدر خراب ہے کہ یہ بھی پتہ نہیں چلتا کہ اس کی اُوپری منزلوں پر جانے کا راستہ کیا تھا۔ ممکن ہے ایسے آثار بھی وقت کے ساتھ تہس نہس ہوگئے ہوں۔ کچھ ماہرینِ آثار قدیمہ اسے بودھ مٹھ مانتے ہیں۔ اُوپری منزل کے ایک کونے میں بُدھ کی مُورتیوں کا ایک پینل اسکا ثبوت ہے۔ یہ پینل اُس ستون کے کھنڈر پر ثبت ہے جو دوسری منزل کی بنیاد ہے۔

اب یہاں پاکستانی محکمۂ آثار قدیمہ کا ایک بورڈ اس عمارت اور آس پاس کے علاقے کو محفوظ قرار دیتا ہے لیکن غریبی کی مار جھیل رہے، تاریخ سے ناواقف لوگ کسی خزانے کی تلاش میں یہاں جب تب کھدائی کر کے ثبُوتوں کو برباد کرنے میں جُٹے رہتے ہیں۔ اس قدیم شان و شوکت کے ماضی اور مستقبل پر فکر و گفتگو کرتے ہوئے ہم واپس گیسٹ ہاؤس لوٹے۔

جناح ہال میں پروگرام خاصی دیری کے بعد شروع ہوا۔ اس دیر کی کوئی خاص وجہ نہیں تھی۔ بس یوں ہی۔ اور لوگ تھے کہ تین گھنٹے کی دیر بھی آرام سے برداشت کر رہے تھے۔ پروگرام دو ادوار میں ہونا تھا۔ پہلا دور فکر تھا۔ اسکی

صدارت سِرائکی بھاشا کے عالم سِراجُ الدّین سانولا نے کی۔ انکی بنائی ڈکشنری آکسفورڈ سے چھپ رہی ہے۔ بھارت میں بہت سے لوگوں کو پتا نہیں ہوگا کہ جنوبی پنجاب ہی نہیں بلکہ مغربی پنجاب اور سندھ کے بڑے علاقے کی مادری زبان سرائکی ہے۔ یہاں سینئر صحافی رفعت شیخ نے پترن مُنارا پر اَپنا سنجیدہ پرچہ پڑھا۔ محقّق صبا وحید نے چولِستان یعنی ٹوہی کی عورتوں کے حالات پر مقالہ پڑھا۔

موقعے کی نزاکت کو دیکھتے ہوئے میں نے اپنے بیان کو بہت مختصر کیا اور اس بات پر زور دیا کہ پترن پُنارا کی کھدائی سے نکلے سائنسی ثبوت سِندھ تہذیب کے کئی اسراروں سے پردا اٹھا سکتے ہیں۔ مذہب اور سیاست ہمیں بھلے ہی دو مذہب اور دو مُلکوں میں بانٹتے ہیں، تہذیبی طور پر ہماری تاریخ ایک ہے اور مستقبل میں ہمارے رشتوں کو اسی بنیاد پر مضبوط کیا جانا چاہِئے۔

ان خیالات کے بعد سجی سنگیت کی محفل۔ اس میں چولِستان اور سرائکی کے مشہور لوک کلاکاروں نے اپنی موسیقی پیش کی۔ سب سے پہلے رنگ برنگے کپڑوں میں سجے دھجے اِکتارا لئے کشن لال بھیل نے بول بول وے گیت سنا کر جھومنے پر مجبور کر دیا۔ اسکے بعد مشہور گایک فقیرا بھگت کے بیٹے موہن بھگت نے کنور بھگت کی وہ مشہور لوٹی سنائی، جِس کے بارے میں کہا جاتا ہے کہ اسے سن کر ایک دکھیاری ماں کا اکلوتا مردہ لڑکا بھی زندہ ہو اٹھا تھا۔ ہم لوگوں کی موجودگی دیکھ کر موہن بھگت

نے اپنے ہی اَنداز میں ایک راجستھانی گیت بھی سنایا "کھڑی نیم کے نیچے میں تو ایکلی۔۔" نوجوان گایک اخلاق نے بابا غلام فرید کی کافیاں گائیں۔ اسکے بعد سِرائکی کے مشہور گایک بھائی جمیل پروانہ اور نصیر مستانہ نے لوک گیتوں کی جو جھڑی لگائی تو سب جھوم اُٹھے۔ پروگرام کی آخری پیشکش کے طور پر نجمہ خانم نے دو سِرائکی لوک گیت سنائے، جن کی دھُن مجھے ہمارے "نبوڑا" اور "تاراں ری چُونڑی" جیسی لگی۔

رحیم یار خاں میں بڑی تعداد ہندوؤں کی ہے۔ کہتے ہیں کہ پورے چولستان میں کوئی دس لاکھ ہندو رہتے ہیں۔ کشن لال بھیل اور پریم بھگت کی گایکی سن کر لگا کہ سرحدیں مذہبی بنیاد پر بھلے ہی مُلک کا بٹوارا کر دیتی ہوں، سنگیت کا، تہذیب و تمدّن کا بٹوارا نہیں کر سکتی۔ یہاں کے ہندو کلاکاروں کو بھی لوگ سر آنکھوں پر رکھتے ہیں۔

اَگلے دن ہم چل پڑے چولستان کی مشہور بھونگ مسجد دیکھنے کے لئے۔ یہ کوئی قدیم مسجِد نہیں ہے، بلکہ آزادی کے بعد کی تعمیر ہے۔ لیکن اس کا طرزِ تعمیر اور فنکاری آنکھوں کو موہ لیتی ہے۔ لگ بھگ پچیّس سالوں میں بنی یہ مسجد یہاں کے نواب نے بنوائی تھی۔ اسکے کونے کونے میں طرزِ تعمیر کی عظمت، شوکت اور نفاست دکھائی دیتی ہے۔ سونے، چاندی، ہیرے پنّے کا ایسا باریک اور تعجب خیز کام کہ دیکھنے والے کی آنکھیں پھٹی کی پھٹی رہ جائیں۔

نوابی خاندان کی مہمان نوازی پاکر ہم واپس رحیم یار خاں آئے۔ یہاں ایک کالیج میں چل رہے مینگو شو میں ہمیں بھی بُلایا گیا ہے۔ خوش آمدید اور گل افشانی کے بیچ آموں کی قسمیں دیکھیں تو خیال آیا کہ ہم اب تک آم کھانے سے مطلب رکھتے آئے ہیں قسموں کی طرف غور ہی نہیں کیا۔ لب معشوق، سُرخہ، غالِب پسند، سینسیشن، چوسہ اور نہ جانے کتنی قسمیں۔ ایک چھوٹی سی ناریست میں بتایا گیا ہے آموں کی پیداوار اور درآمد میں بھارت پہلے نمبر پر ہے اور پاکستان چھٹے نمبر پر۔

شاید ہمیں تیس ایک کلومیٹر دور خان پور جانا تھا۔ تاخیر کا سِلسِلہ بدستور جاری تھا۔ کھانا ہوئے تو پروگرام کا وقت ہو چکا تھا۔ کوئی دو گھنٹے کی دیری سے ہم چل رہے تھے۔ آگے آگے سکیورٹی اور پیچھے ہم۔ ایک جگہ پولس وین سائیڈ میں ہوئی اور سیکڑوں لوگوں کی نعرے لگاتی ڈھول بجاتی بھیڑ ہمارے سامنے تھی۔ ایک بار چونکنے کے بعد یہ جان کر تسلّی ہوئی ک یہ سب ہمارے سواگت کے لئے آئے ہیں۔ اُترتے ہی دھریجا نگر کے باشندوں نے گُلاب کی مالاؤں سے لاد دیا اور دیر تک پھولوں کی بارش ہوتی رہی۔ ہمیں ایک احاطے میں لے جایا گیا۔ کرسیوں پر بٹھا کر ٹھنڈے کی بوتلیں پیش کی گئیں۔ ڈھول باجے بج رہے تھے اور نوجوان جھُومر ناچ رہے تھے۔ بالکل اپنے گھُومر سے ملتا جُلتا رقص۔ سنیتا خود کو دھُن پر تھِرکنے سے نہیں روک پائیں۔ سیکڑوں دیہاتیوں کے بیچ ایسا شاندار سواگت دیکھ کر آنکھیں بھر آئیں۔

واپس گاڑی میں سوار ہو کر ہم پاس ہی اَلمنصور گیسٹ ہاؤس پہنچے۔ یہاں کے بڑے سے لان میں ہزاروں لوگ جمع تھے۔ ایک بار پھر گل افشانی اور استقبال۔ کیمروں کے فلیش چمک رہے تھے اور ٹی وی کیمروں کی آنکھیں اس علاقے میں پہلے بھارتی ڈیلیگیشن کا سواگت درج کر رہی تھیں۔ پہلے پہل ہمیں کھانا کھلایا گیا۔ اور اس کے بعد تین دور۔ تبادلۂ خیالات، مُشاعرہ اور شام موسیقی۔ تبادلۂ خیالات کے دور میں میرے علاوہ، اِیش مدھو تلوار، سنیتا چترُویدی، ڈاکٹر راج کُمار ملِک اور گووندراکیش نے خان پور کے عوام کا اس استقبال کے لئے اظہار تشکّر کیا۔ مُشاعرے میں اومیندر اور فرخ اِنجینیر نے سماں باندھا۔ فرخ کے شعر اور اومیندر کے دوہوں کو بار بار سراہا گیا۔

ایسے موقعوں پر مقامی قلم کاروں کو قریب سے دیکھنے کا موقعہ ملتا ہے۔ اس لئے ہم لوگوں نے اپنی شاعری پیش کرنے کے بعد سرائیکی زبان کے نئے شاعروں کو بڑے غور سے سنا۔ یہاں دادو رام بالائے عرف اِشراق اور جہانگیر مُخلص کی شاعری سن کر محسوس ہوا کہ ترقی پسند عوام پسندی کی روایت اپنی راہ خود نکال لیتی ہے۔ مقامی لوگوں کے دُکھ درد اور امیروں کے استحصال کو ان نوجوان تخلیق کاروں نے بڑی شدّت سے اپنی تخلیقات میں اظہار کیا۔ دادو رام ہندو ہیں لیکن اِشراق تخلص سے شاعری کرتے ہیں۔ تیس ایک سال کے دادورام کے ایک رشتے دار جے

پور میں مان سرور میں کہیں رہتے ہیں۔ ان کے گیتوں کو وہاں کے بڑے بڑے مشہور گایکوں نے آواز دی ہے۔ البتّہ اقلیت میں ہونے کا درد بھی انہیں تکلیف دیتا ہے۔ جہانگیر مخلص بھی بڑے پائے کے شاعر ہیں۔ انکی ایک کتاب بھی چھپی ہے اور ان کے کلام میں بھی استحصال کے خلاف احتجاج کی ہُنکار گُونجتی ہے۔

مُشاعرے کے بعد سبھی سنگیت محفل میں نوجوان سرائکی گایک سجاد بالاے، اَجمل ساجد اور محبوب رفیع نے اپنی پُر فن گائکی سے وہاں موجود ہزاروں سامعین کو جھومنے اور ناچنے پر مجبور کر دیا۔ اُردو کے استاد محبوب رفیع نے ہماری فرمائش پر غلام علی کی 'چپکے چپکے۔۔۔' اور مہدی حسن کی 'زندگی میں تو سبھی پیار۔۔' سنا کر مست کر دیا۔ دیر رات تین بجے ہم رحیم یار خاں کے لئے روانہ ہوئے۔ جہانگیر مخلص ہمارے ساتھ ہو لئے۔ وہ اب کل ہمارے ساتھ چلیں گے۔" ہمیں لنچ کرنا تھا۔ اُچّ شریف میں لیکن رات ہوئی دیری کے کارن ہم نے گیسٹ ہاؤس میں آم اور گرما کا ہلکا لنچ لیا۔ گرما ہمارے خربُوزے جیسا پھل ہوتا ہے لیکن مزے میں میٹھا پن گنّے کی رنگت لئے ہوتا ہے۔ بھر پیٹ پھل کھانے کے بعد ہم بہاول پور کے لئے روانہ ہوئے۔

راستہ خان پور والا ہی تھا لیکن ہائی وے پر۔ تاج گڑھ آیا تو جہانگیر نے بتایا یہاں آج بھی ہِندوؤں کی بنائی بہت سی حویلیاں موجود ہیں۔ ایک گلی میں کوئی چار

منزل کی موسم کی مار کھائی پرانی حویلی نظر آئی۔ ایسی حویلیوں کو چھوڑ کر آنے والے خاندانوں کے بارے میں سوچنے سے ہی روح کانپ اُٹھتی ہے۔ ایک بٹوارے نے پتہ نہیں ہم وطنوں سے کیا کیا چھینا؟

یوں چھیننے کو تو یہ اُچ شریف بھی محمدؐ بن قاسم نے راجا داہر سین سے چھینا تھا۔ یہ وہ جگہ ہے جہاں پانچ ندیوں راوی، چِناب، جھیلم، ستلج اور بیاس کا سنگم ہوتا ہے۔ سکندر نے جو الیکزینڈریا یعنی سِکندریہ نام کے تین نگر بسائے تھے یا نام دئے تھے ان میں سے ایک اُچ شریف بھی ہے۔ یہاں کی آبادی لگ بھگ تیس ہزار ہے اور یہ پورا علاقہ بے حد خوبصورت اور سرسبز ہے۔ ہرے بھرے راستے کو پار کر ہم پہنچے جلال الدّین سرخ بخاری کی درگاہ پر۔ چودھویں صدی کے وسط میں یہاں آنے والے بُخاری پہلے سیّد تھے۔ انکی شہرت ایک دینی عالم کی رہی ہے۔ ان کی درگاہ سے ہو کر ہم پیچھے قبرستان میں گئے تو تین شاندار مقبرے اور تھے۔ ایرانی طرزِ تعمیر کے نایاب نمُونے۔ عظیم الشان اور دل کش۔ اِینٹ گارے اور لکڑی سے بنی عمارت پر خوبصورت نیلی ٹائیلس۔ سب سے بڑا مقبرہ بی بی جیوندی کا ہے اور اسکے ٹھیک سامنے انکے جیون ساتھی بہاول حلیم کا۔ ان کے شاگرد نوڑیا کا مقبرہ بھی یہیں ہے اور کہتے ہیں کہ نُوڑیا نے ہی یہ دونوں مقبرے یہاں سترھویں صدی میں بنوائے تھے، جن پر 1794ء میں یہ ایرانی ٹائیلس لگائی گئیں۔ 1817ء میں آئے سیلاب نے تینوں

مقبروں کا ایک بڑا حصّہ برباد کر دیا، جسے محفوظ کرنے کا کام چل رہا ہے۔

اُچّ شریف پر پہلے سندھ کے راجا داہر سین کے دادا چچ کا راج تھا۔ جنوری 325 میں جب سکندر کے سپہ سالار پیتھون نے اس علاقے کو جیت کر اَلیکزینڈریا نام دیا تو اُچّ شریف سکندریہ ہو گیا۔ اُردو کی مشہور ادیبہ قرّۃ اُلعین حیدر یعنی عینی آپا کے دادا بھی اُچّ شریف کے ہی تھے۔ الیکزینڈریا نام کے تین نگر سِکندر کے وقت بسائے گئے تھے۔ جو مصر، عراق اور بھارت میں ہیں۔

بہاول پور جیسے کوئی خواب میں سنا ہوا نام۔ بیکانیر سے اِتنا نزدیک لیکن ہمارے لئے کوئی تیس گھنٹے کی دوری پر۔ ہمارے اَنُوپ گڑھ سے یہاں کے بہاول نگر کی روشنیاں دکھائی دیتی ہیں۔ کسی زمانے میں ملتان اور بہاول پور کے راستے ہی بیکانیر سے راجستھان کا بیوپار چلتا تھا۔ کوئی دو سو سال پہلے عبّاسی خاندان نے بہاول پور ریاست کی کمان سنبھالی۔

ہم دیری سے چل رہے تھے، اس لئے سب سے پہلے پہنچے پریس کلب بہاول پور۔ پانچ گھنٹے سے صحافی ہمارا انتظار کر رہے تھے۔ استقبلایئے کے بعد آپسی تعارف اور پھر بات چیت کا سلسلہ شروع ہوا۔ میں نے اس بات پر زور دیا کہ سرحد ہمیں الگ ضُرور کرتی ہے لیکن ہماری افکار وخیالات ایک ہیں، ہمارے خواب ایک ہیں۔ ہمارے بیکانیر کے لوگ بہاول پور کے بارے میں اور بہاول پور والے بیکانیر کے

بارے میں جاننا چاہتے ہیں۔ ایسا کوئی سلسلہ بنے کہ سرحد کے باوجود دوریاں نہ رہیں۔ اِیش مدھو تلوار اور سنیتا چترُویدی نے صحافت اور تہذیب کے تناظر میں رشتوں میں مٹھاس گھولنے کی بات کہی۔

رات کے ساڑھے دس بج چُکے تھے اور شام سات بجے سے ایک اور جگہ سینکڑوں لوگ ہمارا انتظار کر رہے تھے۔ بنا دیر کئے ہم پہنچے گُلزارِ صادق یعنی صادق باغ۔ ہمارے اترتے ہی پھولوں کی برسات شروع ہو گئی۔ پہلی بار ایک بُرقعہ نشین خاتون ہمارے استقبال کے لئے آگے آئی۔ اسی کے ساتھ ڈھول، نگاڑے، جھانجھر اور تُرہی کے دلکش سنگیت کے بیچ رنگ برنگی پوشاکیں پہنے لڑکوں نے جھُومر ناچ شروع کیا۔ وہ ناچتے آگے بڑھتے جاتے اور ہم انکے پیچھے پیچھے۔

باغ میں چاروں طرف شادیوں جیسی روشنی کی گئی تھی اور شدید بارش کے باوجود سینکڑوں مرد عورتیں ہماری راہ دیکھ رہے تھے۔ یہ پہلا موقعہ تھا، جب ہم نے کسی پروگرام میں ایک ساتھ اتنی عورتیں دیکھیں۔ چولِستان ڈوپلمینٹ کونسِل کے بینر تلے یہ استقبالیہ پروگرام ڈاکٹر فاروق احمد خان نے منعقد کر رکھا تھا۔ سٹیج پر چرخا، پرینڈا، چوپال سجی تھی تو سامنے دو کھٹیائیں بچھی تھیں۔ ان کھاٹوں پر فن کاری سے بُنائی سلائی والی گُدڑِیاں تھیں اور پاؤوں میں ویسا ہی قالین۔ اسٹیج پر بنے بینر میں کوٹ دراور کے ساتھ اونٹوں کا ایک قافلہ، ایک جھونپڑی اور گھونگھٹ سے جھانکتی

ایک خاتون کا چہرہ تھا۔ یعنی کُل جمع پورا کا پورا راجستھانی ماحول۔

پیشے سے سرجن ڈاکٹر جاوید اقبال اور پروفیسر رانا شہزاد نے جُگل بندی کے اَنداز میں سٹیج سنبھالا۔ انہوں نے تعارف کے ساتھ ساتھ بات چیت، سوال جواب کا بھی خوبصورت سماں باندھ دیا۔ سٹیج پر ایک طرف سازندے اپنے ساز باجوں کے ساتھ تیّار بیٹھے تھے۔ کچھ ساتھیوں کے تعارف کے بیچ شاذیہ ناز نے بابا غلام فرید کی کافیاں سنائیں۔ ہماری فرمائش پر حسینہ خانم سے راجستھانی گیت سنوائے گئے۔۔۔ اُڑ اُڑ رے مہارا کالا"۔ اسی دوران بارش تیز ہو گئی۔ سب لوگ اور قریب آ گئے۔ سوال جواب اور تعارف کے سلسلے کے بیچ بُزرگ کلاکار صابر مور نے غلام فرید کا کلام پوری راگ میں گایا' میرا یار بھی تو میرا پیار بھی تو۔' پھُولوں کے گُل دستے دیکر شکریہ کہا گیا اور رات ایک بجے سب کھانا کھانے چل دیئے۔

تھوڑی ہی دیر میں ہم بہاول پور کی سینٹرل لائبریری میں تھے۔ یہ پنجاب صوبے میں لاہور کے بعد دوسرے نمبر کی لائبریری ہے۔ 8 مارچ، 1924 کو اُس وقت کے وائیسرائے گورنر جنرل سر رفس ڈینیل آئیزیک نے اس کی نیو رکھی تھی۔ موقعہ تھا سر صادق مُحمّد خان عبّاسی کی تاج وشی کا۔ اس کتب خانے کے اَسی برس پورے ہونے پر 2004ء میں محکمۂ ڈاک پاکستان نے اس پر خصوصی ڈاک ٹکٹ بھی جاری کیا تھا۔ یہاں کے چیف لائبریرین رانا جاوید اقبال ہمیں مخطوطوں

اور کمیاب کتابوں کا خزانہ دکھانے لے چلتے ہیں۔ یہاں تین لاکھ سے زیادہ کتابیں ہیں اور درجنوں کمیاب کتابیں۔

مخطوطات کے کمرے میں سب سے پرانی چیز ہے ہِرن کی کھال پر لکھیں قرآن شریف کی آیت۔ کہتے ہیں کہ پیغمبر حضرت مُحمّد صاحب کے وارثوں سے نایاب صفحے کا تعلق رہا ہے۔ اس خزانے میں جولائی 1875 کا کوہِ نُور 1832 میں فارسی میں چھپی 6 تاریخِ فرشتہ اور سات آٹھ سو سال پرانے مخطوطے جمع ہیں۔ لیکن کمال کی بات یہ کہ یہاں ہندی یا دیوناگری رسم الخط میں ایک بھی کتاب نہیں۔ شاید نفرت کے چلتے دور میں برباد ہو گئی ہوں۔ ویسے بھی اب ہندی پڑھنے والے یہاں بچے ہی کتنے ہیں۔

ہم نے سوچا کہ دیکھیں یہاں ہماری پسند کی بھی کوئی کتاب ملتی ہے کیا؟ میری مُراد پوری ہوئی۔ ہربرٹ ریڈ کی میننگ آف آرٹ مجھے آخر یہاں ملی۔ پوری کتاب کی فوٹو کاپی کرا لی۔ اِیش مدھو تلوار نے ایک پرانی کتاب سے راجپوتانے کی ابتدائی صحافت پر چھپے مضمون کاپی کروائے اور فرخ انجینیر نے بھی اردو ادب پر کوئی مضمون لیا۔ اس لائبریری کو ہم نے ہندی اردو میں چھپی دو کتابیں نذر کیں سرمد شہید اور اخلاقِ محسنی۔ یہ کتابیں پراکرت بھارتی اکادمی، جے پور نے چھاپی ہیں۔ ان کتابوں کے پانچ سیٹ اکادمی نے خاص طور سے ہمیں فراہم کرائے تھے۔ خیر،

بہاول پور لائبریری کا کیمپس کافی بڑا ہے درختوں سے گھرا ہوا اور کھُلا کھُلا۔

یہاں سے نکل کر ہم بغل میں واقع بہاول پور میوزِیم گئے۔ یہاں کے ڈائریکٹر مدنی صاحب نے ناشتے پر بلایا تھا۔ لیکن وقت تو لنچ کے پاس آ پہنچا ہے۔ بہر حال پہلے ہم نے میوزیم دیکھا۔ بہاول پور کے عباسی خاندان کے بزرگوں کی تصویریں، تعمیرِ پاکستان کے دور کے چُنے چُن کر سجائی گئی تصویریں۔ ان میں نہرو گاندھی کی کوئی تصویر نہیں ہے۔ ایک فوٹو میں سردار پٹیل ضرور نظر آتے ہیں۔ یہاں جناح کی کئی تصویریں ہیں اور دیگر مُسلم رہنماؤں کے ساتھ اقبال بھی نظر آتے ہیں۔

ایک کمرے میں ہڑپّا موہن جوداڑو کی کھدائی میں ملی مہریں، برتن، کھِلونے، مورتیاں، اور کئی قسموں کی صنّاعی ہے۔ لیکن یہاں بڑی مقدار میں چولستان کی عوامی زندگی سے جڑی چیزیں زیادہ اہم ہیں۔ عورتوں مردوں کے کپڑے، گہنے، اوزار، برتن، رہن سہن کا پورا ڈھنگ یہاں مختلف شکلوں میں دکھایا گیا ہے۔ اس ذخیرے سے پتہ چلتا ہے کہ سرحد پار کے تھار میں بھی تہذیبی طور پر کوئی فرق نہیں ہے۔ یہاں تو دیس بدلنے پر بھی بھیس نہیں بدلتا۔

لنچ کے وقت ناشتے کی رسم نبھا کر ہم چل دئے مُلتان کی سمت۔ راستے میں ایک بھیڑ بھری جگہ پر ایک دروازہ دکھاتے ہوئے ارشاد امین نے کہا، یہ بیکانیری گیٹ ہے۔ اب اسکا نام فرید گیٹ کر دیا گیا ہے۔ پیلے رنگ میں پُتا ہوا ایک پرانا دروازہ

جس کے اندر سے آپ پرانے شہر میں جاسکتے ہیں۔ آگے بڑھے تو نئی آبادی شروع ہو گئی تھی۔ ہم جہانگیر کے گھر پر تھے۔ گھر کا بنا کھانا اور میٹھے آم۔ روح کی پیاس بجھ گئی۔ جہانگیر نے کوٹ درابر کی ایک تصویر اور بہاول پور گزٹ کی فوٹو کاپی نذر کی۔

شام ہم اس شہر میں تھے جسے دنیا واحد لِونگ سٹی کہا جاتا ہے۔ یعنی ملتان۔ رات بتاِ کر ہم شہر گھومنے نکلے تو سب سے پہلے صوفی شاہ عالم کی درگاہ پہنچے۔ اینٹوں سے بنا عظیم گنبد۔ کہتے ہیں ایسا گنبد دنیا میں یہ اَکیلا ہے۔ یہ مقبرہ تغلق نے اپنے لئے بنوایا تھا۔ لیکن سب سے پہلے یہاں سوئے تغلق کے پیر 1337ء میں۔ اسکے ٹھیک بغل میں سڑک کے اُس پار یاعی ملتان سٹیڈیم کے پاس دمدما ہے یعنی اونچی جگہ۔ یہاں سے پورے شہر کام، کمل نظارہ کیا جاسکتا ہے، ناہر گڑھ کی طرح۔ جے پور کی طرح یہاں بھی دلّی گیٹ، پاک گیٹ وغیرہ ہیں لیکن چار دیواری کو تو حملوں اور سڑکوں کی بھینٹ چڑھنا پڑا۔

یہ پورا علاقہ قلعہ کہن قاسم باغ ہے۔ یہاں سے کچھ قدم کی دوری پر شاہ رُخ نے عالم کے دادا بہاؤالدین زکریا کی درگاہ۔ اسکے ٹھیک بغل مے صدیوں پرانا پرہلاد مندر تھا، جسے 8 دسمبر 1992 کو ڈھا دیا گیا۔ فرقہ واریت کی آگ نے اس برِّ صغیر میں کتنی تاریخی اور پُشتینی وِراثت کو اپنی لپ میں لے لیا یہ یہاں آکر پتہ چلتا ہے۔ مندر اور درگاہ کی جڑواں عمارتیں ہم آہنگی کی مثال تھی جو نفرت کی بھینٹ چڑھ

گئی۔ یہاں جب ہم تصویر اتار رہے تھے تو سکیورٹی والے ہمیں بھی اپنے کیمروں میں قید کر رہے تھے۔ احتیاطی طور پر سرکاری ڈیوٹی۔

اب ہم کبوتر منڈی میں ہیں۔ یہاں قسم قسم کے پرندے اور بجری توتے، مینا جاوا وغیرہ پنجروں میں بکنے کے لئے تیّار ہیں۔ انہیں دُمنوں سے سٹا ہے سرائکی زبان کے اَخبار جھوک کا دفتر۔ ایڈیٹر ظہور دھریجا آکر سب کو گلے لگاتے ہیں۔ گُل پوشی کے بیچ ہم اندر جاکر آم، آڑو اور کیلے کا ناشتہ کرتے ہیں۔ ہمارے اعزاز میں دھریجا نے مختصر تقریر کی۔ انہوں نے ہمارے سورت گڑھ ریڈیو سٹیشن کے بارے میں کہا کہ وہاں سرائکی بھاشا میں صرف 15 منٹ کے پروگرام پیش کئے جاتے ہیں اسے بڑھانا چاہئے۔ مُلتان دلّی اور اَمرُود کا بعد بٹھنڈا راستے کھولے جانے چاہئے۔ پانچ ہزار سال پرانے ملتان شہر کو لے کر لکھے گئے بہاؔالدین زکریا کے اس شعر سے انھوں نے اپنی بات ختم کی۔

مُلتانِ ما بجنّتِ اعلیٰ برابر اَست

آہِستہ پا بنے کہ ملک سجدہ می کُند۔

(ہمارا مُلتان جنّت جیسا ہے۔ یہاں آہِستہ پانور کھو کیوں کہ یہاں فرشتے سِجدہ کر رہے ہیں۔)

پہلے دھریجا نگر، پھر خان پور اور اب مُلتان میں ظہور دھریجا صاحب کی مہمان

نوازی نے دل جیت لیا۔ ہمارے پاس تو شُکریے کے بھی الفاظ نہیں تھے اور ہمیں سچ میں بولنا بھی نہیں پڑا۔

جھوک سے ہم روزنامہ 'اوصاف' کے دفتر پہنچے۔ یہ اَخبار مُلتان کے علاوہ اسلام آباد، لندن اور فرنکفرٹ (جرمنی) سے بھی چھپتا ہے۔ یہاں کے ڈپٹی ایڈیٹر برکت خاں نے ہمارا استقبال کیا اور کچھ رپورٹروں نے ہم سے گفتگو کی۔

کچھ دیر بعد ہم پاکستان کے مشہور ایف ایم ریڈیو مست 103 کے مُلتان پروگرام میں تھے۔ ہمارے میزبان ارشاد امین بھی اسی سٹوڈیو میں خبروں کے چیف ڈائریکٹر ہیں۔ یہاں ایک لائیو پروگرام میں اِیش مدھو تلوار، سنیتا چترویدی، فرخ انجینیر، راجکمار ملِک اور میں نے حصّہ لیا۔ شہر کو لے کر ہند و پاک رشتوں کو لے کر باتیں ہوئیں۔ کئی سامعین نے ہم سے سوال پوچھے اور سواگت کے ایس ایم ایس بھیجے۔

لنچ لیکر ہم چل پڑے ہڑپّا کی طرف۔ اس آثار قدیمہ کے مقام تک پہنچنے کے لئے پہلے ریلوے لائن اور پھر گاؤں پار کرنا پڑتا ہے۔ 1874ء میں یہ ریلوے لائن بچھانے کے لئے ہی سب سے پہلے ٹیلوں میں دبے ہڑپّا کے آثار کی اینٹیں کام میں لی گئی تھی۔ اَنگریز سرکار کے ٹھیکیداروں کو پتہ بھی نہیں تھا کہ وہ اینٹوں کے رُوپ میں ایس تاریخ کو تہس نہس کر رہے ہیں۔ اور گاؤں والوں نے بھی اپنے گھر بنانے کے لئے

یہیں سے اینٹیں اُٹھائیں۔ ماہرِ آثارِ قدیمہ ایم۔ایس۔ وتس وغیرہ لوگ جب وہاں پہنچے تو بہت کچھ برباد ہو چکا تھا۔ جو کچھ بچا وہی محفوظ کر لیا گیا۔

سب سے پہلے یہاں کا عجائب گھر دیکھا جس میں سینکڑوں مہریں، برتن، زیورات، اوزار اور کئی طرح کے باٹ ہیں۔ موہروں کی صنّاعی تعجب سے بھر دیتی ہے اور چھوٹے بڑے برتن اس یُگ کی ترقی یافتگی کا نمونہ پیش کرتے ہیں۔ ون، جال، لایا اور کھگال جیسے درختوں کے بیچ ہڑپّا میں کھدائی کئے گئے سات مقامات ہیں۔ جو کچھ بچایا سہیجا جا سکتا تھا، وہ کیا گیا ہے۔ لیکن پرانے وقت کی کھدائی کے باعث مٹّی کے ڈھیر جوں کے توں پڑے ہیں اور بارش کا پانی اس ہیریٹیج کو ختم کئے جا رہا ہے۔

شام گہرا رہی تھی اور ہمیں لاہور پہنچنا تھا۔ راستے میں اب صرف ہمیں دو جگہیں دیکھنی تھیں اوکاڑا اور رنالا خورد۔ ہمارے ساتھی ایش مدھو تلوار کی ماتا جی ۔ٹناجا خورد میں رہتی تھیں اور ان کی شادی اوکاڑا میں ہوئی تھی۔ تلوار کے سب سے بڑے بھائی بھارت کی پیدائش اوکاڑا کی ہے۔ پولس افسران ہمیں اوکاڑا کی اُس پرانی بڑلا کاٹن مل تک لے گئے جِسکا نام بدل چُکا ہے اور اب بند پڑی ہے۔

رات گیارہ بجے ہم لاہور پہنچے۔ اَگلے دن ہم شبّیر احمد لاشاری کے روزنامہ 'خلقت' کے دفتر میں لنچ پر مدعو تھے۔ لاشاری ہمیں لینے واگھا بھی آئے تھے۔ انہوں نے گھر کا بنا کھانا اور آم پیش کئے۔ یہاں سے ہم لاہور کے نئے اَخبار 'ڈیلی

وقت' کے دفتر گئے۔ چائے ناشتے پر کچھ باتیں ہوئی۔ اَکھبار کا کھُوبصُورت پیپر لیس دفتر دیکھا۔ شام ہم لاہور پریس کلب میں تھے۔ یہاں کے سکریٹری شہابُ الدّین نے ہمارا استقبال کیا۔ سینئر صحافی سرفراز سیّد نے بڑی پتے کی بات کہی۔ اُردو میں صحافی لفظ صحیفے سے نکلا ہے یعنی صحافی پیغمبر کا کام انجام دیتا ہے۔ رات کا کھانا ایک ریسٹورینٹ میں انصاف فاؤنڈیشن کی طرف سے تھا۔ یہاں آنے سے پہلے سینئر صحافی سیّد احمد سے ارشاد امین کے گھر مُلاقات ہوئی۔ انہوں نے دلیپ کمار پر آٹھ سو صفحوں کی ایک کتاب اردو میں لکھی ہے جو ہندی میں بھی چھپنے والی ہے۔

کھانا کھا کر ہم شاہ جمال کی درگاہ پہنچے۔ یہاں ہر جمعرات کو سنگیت کی محفل سجتی ہے۔ فلم کار اجے چاولا پوری رات رُک کر فلم بنانا چاہ رہے تھے۔ ہم پر تجسس وہاں گئے تو دیکھا اندر سنگیت کے رسیاؤں کی محفل میں گانجا اور چرس کی سِگریٹیں پھُونکی جا رہی ہیں۔ اَللہ اِیشور کرتے ہم باہر آئے۔ اَلبتّہ منتظمین نے ہمارے لئے خاص بیٹھنے کا اور کولڈ ڈرنک کا انتظام کیا تھا۔

اَگلے دن سب سے پہلے ہم پنجاب اسمبلی دیکھنے پہنچے۔ بارش کی وجہ سے ہوئی دیر نے کارروائی چھڑا دی تھی۔ لیکن وہاں کے افسروں نے پورا کیمپس دکھایا، ضُروری معلومات دیں اور ساتھ میں چائے ناشتہ۔ یہاں سے ہم پہنچے سعادت حسن منٹو کے گھر کی طرف۔ لکشمی مینشن میں آکر تعجّب ہوا۔ یہاں منٹو کو کوئی نہیں جانتا۔ ہم خود ہی ڈھُونڈھتے ہوئے اُس مکان تک پہنچے۔ نوکرانی نے کہا بی جی نہیں

ہیں صاحب بیمار ہیں۔ پرچے جانے کے بعد اُس نے ہمیں اندر بلایا۔ منٹو کی بڑی بڑی تصویریں دیکھیں۔ تھوڑی دیر میں کینسر سے جوجھتے ہوئے منٹو کے داماد رشید پٹیل آئے۔ انکی بیوی نِکہت پٹیل آفس گئی تھیں۔ وہ جوناگڑھ، گُجرات کے رہنے والے ہیں۔ ان کے دو بھائی مُمبئی اور کولکاتا میں رہتے ہیں اور ایک بہن کوٹا میں۔ انکی آنکھوں میں آنسو تھے جب انہوں نے کہا کہ پچھلے دنوں ایک پروگرام میں انکی بیوی نے کہا میں منٹو کی بیٹی ہوں نکہت پٹیل۔ بڑے نام کے پیچھے خود کا نام چھپ جانے کی پیڑا۔

ریڈیو مست کی طرف سے اعلی شان لیڈرس اِن ہوٹل میں لنچ لیکر ہم شاہی مسجد پہنچے۔ پہلے پہل گردوارا پھر قلعہ اور پھر شاہی مسجد۔ وسیع علاقہ، خوب صورت مسجد۔ اس کا داخلی دروازہ بالکل ہماری فتح پور سیکری کے بُلند دروازے کی طرح لگتا ہے۔ یہاں سے نِکل کر ہم اقبال کی مزار پر پہنچے۔ گل ہائے عقیدت کے بعد سیدھے انارکلی بازار۔ کچھ کپڑے کچھ تحائف خرید کر ہوٹل لوٹے۔ آج رات کا کھانا پریس کلب میں۔

کھانا کھا کر ہوٹل آئے تو صبح چار بجے تک دوستوں کے ساتھ گپ شپ ہوئیں۔ یہ آخری رات ہے۔ صبح سرحد پار کر کے نکل جانا ہے۔

***

۱۹۸۵ء کا ماسکو سفر

ماسکو یاترا

مصنف : رام لعل

بین الاقوامی ایڈیشن منظر عام پر آچکا ہے